어린이 에세이 — ④
동시는 어떻게 써요?

어린이 에세이 교실 지음

자유토론

이 책을 내면서

어린이들은 참으로 많은 것을 보고 겪으며 자랍니다. 예쁜 꽃, 귀여운 동물, 싱그러운 바람, 맑은 햇살, 그리고 부모님과 가족들의 따뜻한 사랑, 아름다운 이야기…….

친구들과의 놀이, 장난감, 그림 그리기, 책 읽기, 어린이들에게 필요한 것은 참으로 많습니다.

그 중에서도 충분한 영양분은 어린이들의 몸을 자라게 해 주고 좋은 글 한 편은 정신을 살찌게 해 줍니다. 거기에 좋은 글을 쓸 수 있

는 기회가 보태진다면 더더욱 몸과 마음이 튼튼한 어린이로 자랄 것입니다.

　일기를 쓰면서 하루를 반성하고, 동시와 동화를 쓰면서 많은 상상의 세계를 펼치고, 생활문을 쓰면서 사랑을 배우고, 논설문·설명문·독후감을 쓰면서는 논리적이고 체계적인 사고력을 키우게 됩니다.

　좋은 생각이 담긴 글을 많이 읽고, 좋은 생각을 많이 해 보며, 좋은 생각을 글로 표현해 보는 것, 어린이들에게 그것만큼 소중한 것은 다시 없을 것입니다.

2018년 6월 20일
어린이 에세이 교실

차 례

어린이 에세이 — ④

동시는 어떻게 써요?

1. 동시란 어떤 글일까요? • 9

2. 동시는 어떻게 짜여 있을까요? • 21

3. 동시의 글감은 어떤 것을 골라야 할까요? • 35

4. 동시를 쓸 때 주의할 점은 무엇일까요? • 79

5. 동시는 어떤 방법으로 쓸 수 있을까요? • 97

1 동시란 어떤 글일까요?

동시는 어린이를 위한 시입니다. 그리고 어린이처럼 순수한 마음을 갖고 있는 어른들을 위한 시이기도 합니다. 그렇기 때문에 맑은 아침처럼 순수한 마음을 갖고 있지 않다면 절대 동시를 쓸 수 없습니다. 또한 맑고 깨끗한 마음을 갖고 있지 않다면 절대 이해하지 못하는 것이 동시이기도 합니다.

그렇다고 해서 동시가 어려운 글이라는 뜻은 결코 아닙니다. 누구나 자기의 생각을 갈고 다듬어 형식에 맞춰 쓰면 좋은 동시가 될 수 있습니다. 다음의 예문을 볼까요?

> **예문**
>
> ## 내 키
>
> 1학년 김상혁
>
> 엄마가
>
> "너는 왜 키만 크니?"
>
> 물으셨어요.
>
>
> "저도 몰라요."
>
> 그렇게 대답했어요.

예문

고드름

1학년 김정원

밤에 얼음이 얼었어요

지붕에도

고드름이 대롱대롱

나뭇가지에도

고드름이 주렁주렁

밤에

요정이 와서

고드름을 달아 놨나 봐요

예문

참새

2학년 김영선

전깃줄에 앉은 참새
전기에 올라
죽으면 정말 슬프겠지?

내가 참새라면
전깃줄에는
아예 가지도
않을 거야

푸른 들판에서만
놀았을 거야

동시에는 다음과 같이 네 가지 특징이 있습니다. 익혀 두면 동시를 쓸 때 많은 도움이 됩니다.

첫째, 글을 통하여 생활의 한 장면을 그림처럼 나타내는 글입니다.
둘째, 짧게 줄여 쓴 글입니다.
셋째, 연과 행으로 짜여 있습니다.
넷째, 읽을 때 리듬이 느껴집니다.

동시는 또한 아무 제약을 받지 않고 자유롭고 편안하게 쓰는 시를 뜻하기도 합니다. 바로 어린이 여러분을 위한 시이기 때문입니다.

그래서 동시는 표현 방법과 작품의 길이나 행, 연을 마음대로 조정할 수가 있습니다.

동시는 일정한 형식을 갖춘 시나 시조보다 훨씬 감동의 여운이 길고 느낌 또한 아주 강합니다.

자라나는 어린이 여러분이 동시를 많이 쓰고 또한 남이 쓴 시를 자주 읽다 보면 상상력도 깊어지고 감성도 풍부해집니다.

좋은 동시를 짓기 위해서는,

첫째, 생활 속에서 보고 느꼈던 귀한 감동을 놓치지 말아야 합니다.
둘째, 남은 보지 못한 특성, 색다른 느낌을 찾아 내어 표현할 줄 알아야 합니다. 즉 독특한 글감을 찾아 내면 좋습니다.
셋째, 무엇을 나타내려 했는지 중심 생각이 정확해야 합니다.

다음의 동시를 함께 감상해 봅시다.

예문

수도꼭지

3학년 권예림

수도꼭지는
울보인가 봐

머리 한 번 비틀면
눈물이 좔좔좔

수도꼭지는
아기인가 봐

머리 한 번 비틀면
침이 졸졸졸

예문

잃어버린 길

4학년 백진이

학원 가는 버스를 탔는데
길을 잃어버렸네

어디서 내리지, 어디서 내리지
조마조마하다가
서울까지 가게 되었네

금방 울음이 나올 것 같았지만
부끄러워 꾹 참았네

간신히 집에 돌아와
아빠를 보고
왕! 울음보를 터뜨렸네

"길을 잃어버리면 얼른 전화해야지."
아빠 말씀에 울면서 고개만 끄덕였네.

예문

병아리

5학년 최덕우

백원 주고 사 온
노랑 병아리
아차 실수로 밟아 버렸네

이걸 어쩌나 큰일났네
죽으면 어쩌지
허겁지겁 집어들었네

삐약삐약
아프다고 우는 병아리
아직도 내 가슴은 두근두근

예문

금붕어

5학년 유정연

어항 속의
금붕어는
일등 수영 선수

물 위에 떠서
자지도 않고
쉬지도 않나 봐

나는 조금만 수영해도
헉헉 지치는데…….

금붕어처럼
수영 잘 하고 지치지 않는
방법이 없을까?

예 문

과일 가게

5학년 오남형

과일 가게는
계절마다 주인이 달라져요

봄에는 빨간 딸기가 주인

여름에는 파란 수박이 주인

가을에는 빨간 사과가 주인

겨울에는
귤이 주인이 되어요

2 동시는 어떻게 짜여 있을까요?

　동시에는 연과 행이 있습니다. 동시의 연과 행은 동시를 보통의 글과 다르게 구별해 줍니다.
　그렇다면 우선 연과 행의 의미를 짚고 넘어가도록 하겠습니다.
　행은 하나의 줄입니다. 이러한 행이 모여 연이 됩니다. 연은 하나의 의미를 형성하는데, 연이 모여 한 편의 동시를 이루는 것이죠. 이렇게 생각해 보세요.
　예쁜 마을에 여러 채의 집이 있습니다. 그리고 일정하지는 않지만 집집마다 한 개 이상의 방이 있죠. 이것을 시에다 빗대어 말하면 방은 시의 행이라고 할 수 있습니다. 집은 연이고 마을 하나는 한 편의 동시가 되는 것이죠.

마을마다 집의 수가 다르고, 집마다 방의 크기와 수가 다르듯 동시 역시 다양하게 행과 연으로 이루어집니다. 어떤 동시는 수많은 행과 연으로 구성되기도 하지만, 또 어떤 동시는 하나의 연이나 행으로 구성되기도 합니다.

1연 1행의 동시도 흔하진 않지만 가능한 것입니다.

연과 행을 나누는 목적은,

첫째, 나타내는 장면을 바꾸기 위해서입니다.
둘째, 동시의 내용을 뜻에 따라 자연스럽게 묶기 위해서입니다.
셋째, 음률이나 호흡을 맞추기 위해서입니다.
넷째, 생각이나 상징을 나타내기 위해서입니다.

다음 시를 읽고 어린이 여러분이 직접 행과 연을 구분해 보세요. 그리고 행과 연이 있어서 생기는 효과에 대해서도 생각해 보세요.

예문

딸기

4학년 박민정

딸기가
시집가는 날

검은 점을 볼에 찍고
초록색 족두리 쓰고

부끄러워 붉어진
딸기의 얼굴

박민정 어린이의 〈딸기〉는 3연 6행의 동시입니다.

예문

구름

3학년 최슬기

꿍꽝꿍꽝!
무슨 소리일까요?
구름이 화를 내고 있어요

주룩주룩!
무슨 소리일까요?
구름이 슬피 울고 있어요

휘잉휘잉!
무슨 소리일까요?
구름이 휘파람을 불고 있어요

최슬기 어린이의 〈구름〉은 3연 9행의 동시입니다.

2. 동시는 어떻게 짜여 있을까요? · 25

예문

가을 해

6학년 송용현

가을 해는
요술쟁이

철없이 까부는 벼도
고개 숙이게 하고

초록 단풍잎
빨갛게 화장시키고

파란 은행잎
노랗게 화장시키고

초록색 감
주홍빛으로 화장시킨다.

송용현 어린이의 〈가을 해〉는 5연 10행의 동시입니다.

동시는 또한 사물에 마음을 담아 주는 글입니다. 나무가 말을 하고, 돌이 움직이기도 합니다. 또한 별이나 달이 어린이들과 함께 놀아 주기도 합니다. 이렇게 무한한 상상의 세계를 마음껏 펼칠 수 있는 것이 동시입니다.

예 문

트리

3학년 용희중

반짝반짝 트리가
활짝 웃어요

노란 이빨, 빨간 이빨
반짝반짝 빛이 나요

아이들은
트리보다
더 크게 입 벌리고 노래 불러요.

예문

청소부 아저씨

3학년 권예림

쓱삭쓱삭

청소부 아저씨의 큰 빗자루

조용한 새벽에 쓱삭쓱삭

미움을 터는 요술 빗자루

쓱삭쓱삭

사랑의 씨앗을 뿌리고 가는

요술 빗자루

예 문

원고지

3학년 권예림

원고지 둘레로
아름다운 생각들이 날아다닌다.

재미있는 동화,
맑고 깨끗한 동시가 날아다닌다.

어느새 원고지는 바구니가 되어
아름다운 이야기들을
차곡차곡 담는다.

예문

얼음

3학년 임지은

얼음은 고집쟁이예요

날씨가 추우면
하루 종일
꼼짝도 않고

날씨가 따뜻해지면
하루 종일
징징 울기만 해요.

예문

쓰레기통

6학년 김성은

나는 이 교실의
교통 순경이에요

더러운 쓰레기
미움, 시기, 질투
모두 받아 주지요

우리 반 아이들
착하게 크라고
좋은 길로 가라고,

항상 나쁜 건
내 몸에 넣지요

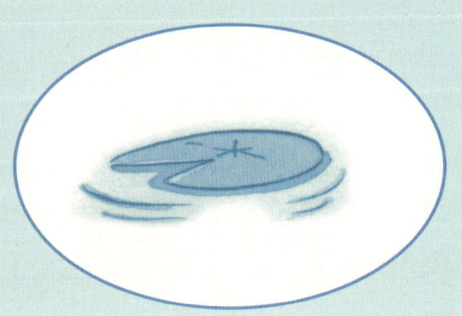

3 동시의 글감은 어떤 것을 골라야 할까요?

동시는 어린이의 순수한 세계를 담은 시입니다. 바로 여러분의 세계입니다. 그래서 어린이 여러분은 동시의 세계에 살고 있다고 할 수 있습니다.

아침에 일어나서 잠자리에 들어 꿈나라로 떠날 때까지 여러분의 세계는 모두 동시의 세계라고 할 수 있습니다.

친구와 문방구에 가고, 과자를 사 먹고, 떡볶이 집을 지나치고, 친구와 싸우고 했던 모든 만남은 그 모두 한 편의 동시로 표현될 수 있습니다.

하지만 그 모든 것들을 동시로 표현할 수는 없습니다. 그 많은 것들 중에서 가장 기억에 남는 것을 동시로 표현해야 합니다. 여러 종류의 아이스크림을 먹었더라도 그 중 가장 맛있었고 부드러웠던 아이스크림을 떠올리는 것처럼 말입니다.

좋은 글감을 찾기 위해서는 먹이를 노리는 독수리처럼 주위를 샅샅이 살피고 생각해야 합니다. 좋은 글감은 언제나 여러분 주위에 있기 때문입니다.

여러분이 동시를 쓸 때 글감을 찾아 내는 경로는 생활에서, 생각에서, 보고 느낀 것에서, 자연에서 등 다양합니다.

첫째, 생활 속에서 좋은 글감을 찾아 낼 수 있습니다. 이는 일상적인 일에 새로운 의미를 부여한다는 뜻입니다.

우리는 아침부터 저녁까지 참으로 많은 일을 하면서 지냅니다. 간접적으로 이야기를 듣는 경우도 많습니다. 좋은 글감을 만나려면 굳이 먼 데서 찾을 필요는 없습니다. 늘 생활하는 가운데에서도 좋은 글감을 얼마든지 찾을 수 있습니다.

다음의 동시를 읽어 보고, 여러분도 생활 속에서 글감을 찾아 동시를 지어 보세요.

예문

크레파스

3학년 김정원

크레파스가 흰 도화지 위에서
춤을 추어요

키가 작아지면
옷을 벗어 버리고
춤을 추어요

크레파스가 집으로 돌아가면
흰 도화지 위에는
빨강, 노랑, 파랑
크레파스 발자국이 가득 그려져 있어요

예문

친구

1학년 서현식

내 친구는 키는 작지만
마음은 아주 넓어요

연필도 빌려 주고
지우개도 빌려 주고
사탕도 나눠 주어요.

집도 가깝고
학원에도 같이 다녀요.

내 친구는
못 보면
너무 심심해요.

3. 동시의 글감은 어떤 것을 골라야 할까요? • 39

예문

안개

2학년 정다운

학교 갈 때
안개가 잔뜩 끼어 있었어요

안개는
하늘에서 내려온 구름 같았어요

안개를 만져 보려고
가까이 다가가면

안개는 어느새
저만큼 달아났어요.

예문

아파트

1학년 이재욱

아빠보다 키가 큰 아파트

나무보다 키가 큰 아파트

산보다 키가 큰 아파트

아파트가 구름과 키재기해요.

둘째, 생각 속에서 글감을 찾아 내는 방법도 있습니다.

이티 영화를 보면 어느새 이티 친구가 되어 우주로 날아가고, 고래 이야기를 들으면 어느새 고래 친구가 되어 깊은 바다 속을 헤엄치고 다니듯이 말입니다.

이렇게 여러분 생각 속의 상상의 세계를 펼쳐 보이면 바로 멋진 동시가 탄생할 수 있습니다.

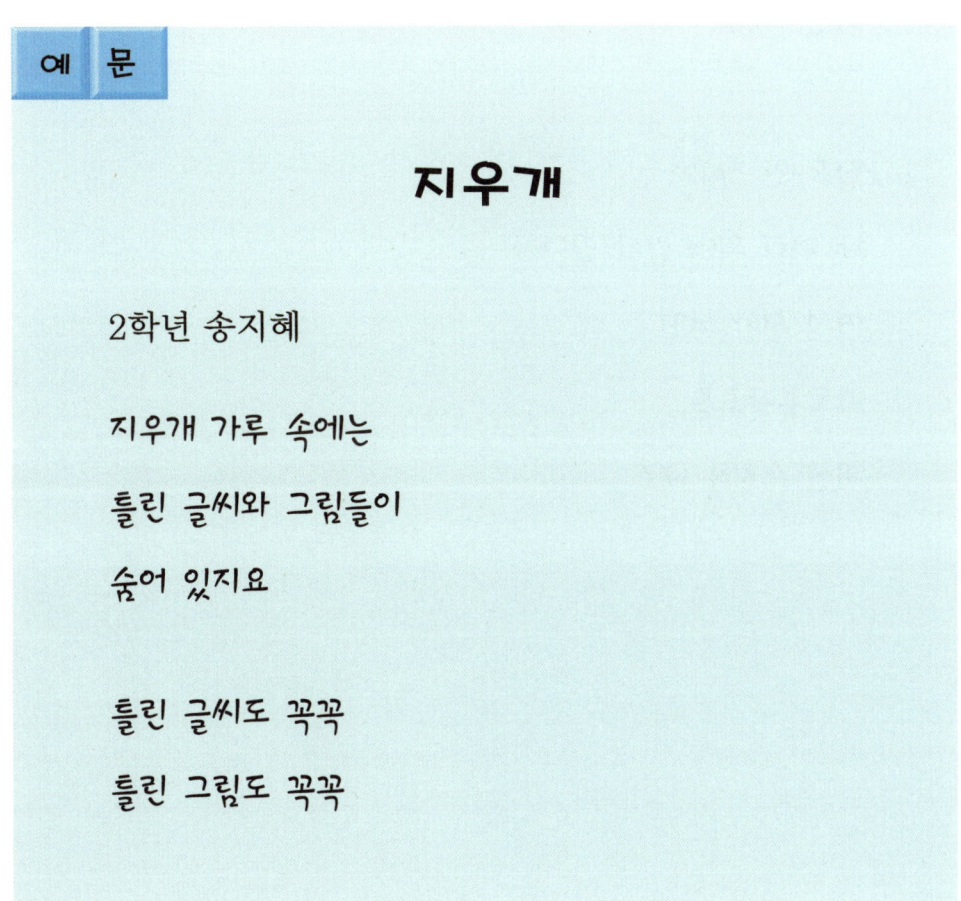

예문

지우개

2학년 송지혜

지우개 가루 속에는
틀린 글씨와 그림들이
숨어 있지요

틀린 글씨도 꼭꼭
틀린 그림도 꼭꼭

예문

자명종 시계

2학년 용두중

자명종 시계는

귀신이에요

잠도 안 자고

내 머리 위에 앉아 있다가

여섯 시만 되면

따르릉따르릉

귀신 소리를 내죠

3. 동시의 글감은 어떤 것을 골라야 할까요? • 45

예문

가오리연

4학년 김재철

내 손으로 만든
가오리 연

내 마음을 싣고
파란 하늘을 훨훨 나는
가오리연

나도 같이
손잡고 날아 봤으면.

3.동시의 글감은 어떤 것을 골라야 할까요? • 47

예문

크리스마스 선물

4학년 김영선

침대에 누워

가만히 귀를 묻으면

무슨 소리가 점점 다가오지요

딸랑딸랑

루돌프의 방울 소리가 들리지요

침대에 누워

가만히 귀를 묻으면

무슨 소리가 점점 다가오지요

선물 한아름 안고 살금살금

굴뚝으로 내려오시는

산타 할아버지의 발짝 소리가 들리지요.

셋째, 보고 느낀 것에서 글감을 찾아 내는 방법이 있습니다. 생활 속에서 직접 경험한 것이 아니라도 어떤 사물이나 사건을 보고 느낀 점을 동시로 지을 수도 있습니다.

예문

꽃

2학년 이치화

제일 먼저 핀 꽃은
제일 먼저
씨를 날리고
봄을 기다린다

예문

봄

1학년 김혜린

병아리는
봄에 태어나지요

개나리도
봄에 피어나고요

저는 노란 원피스 입고
엄마랑 사진 찍으러 가요.

예문

우주

3학년 김능원

우주는 우주는
모든 별의 어머니

행성은 행성은
쌍둥이 형제

어머니
우주의 품은 얼마나 넓을까,
어머니
우주의 넓이는 얼마나 넓을까

쌍둥이 형제 행성은
그 답을 알고 있을까.

예문

하늘에서 생긴 일

6학년 유별라

바다 색 물감 풀어 여기 칠하고
솜사탕 한 움큼 뭉쳐 저기 붙이고
부지런히 움직이는 구름

샘이 난 바람
훅, 입김 날리면
바다도 솜사탕도 모두 사라진다

싸움이 붙은 구름과 바람
"내가 이길 거야!"
우르릉 꽝꽝! 소리 지르고
번쩍번쩍! 불도 나고

싸움 말리다

끝내 얼굴 가리고

섧게 울어 버린 하늘

넷째, 자연 속에서 글감을 찾아 내는 방법이 있습니다.

우리는 가족 여행, 소풍을 갔다가 아름다운 경치를 만나기도 합니다. 그러면 "아 아름답다!" 하며 자신도 모르게 감탄을 하게 됩니다.

아름답게 느낀 한 폭의 자연도 동시의 좋은 글감이 됩니다.

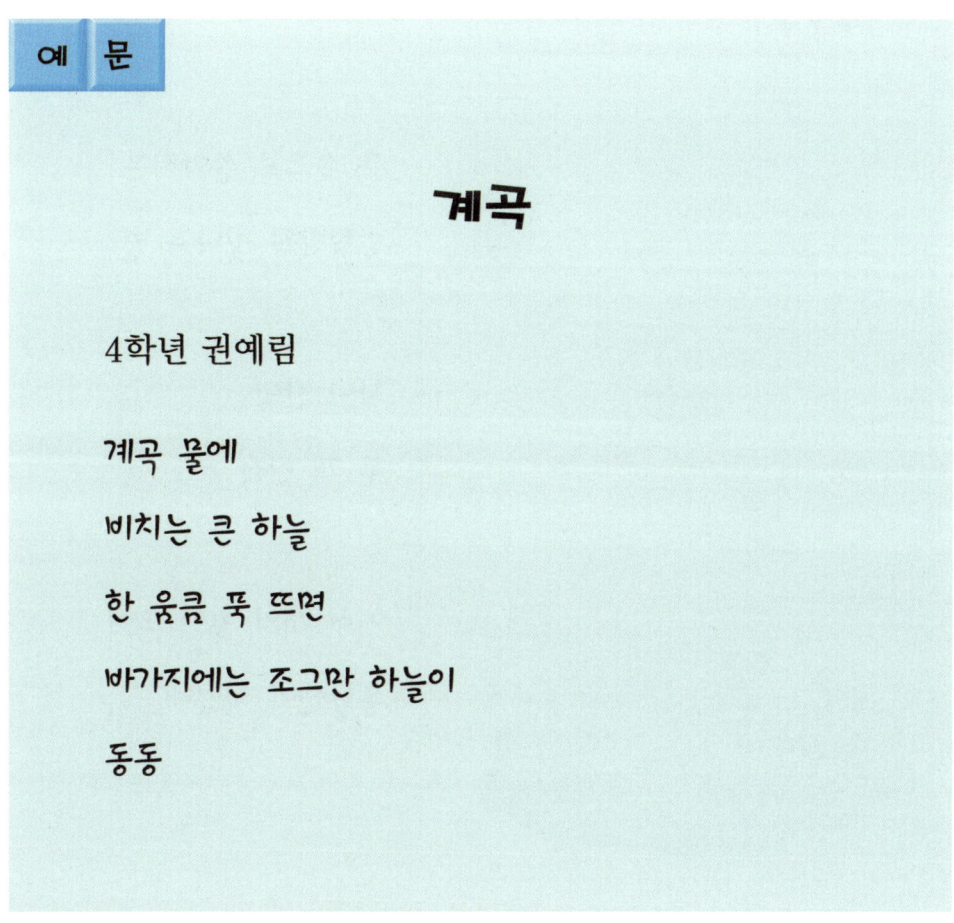

예문

계곡

4학년 권예림

계곡 물에
비치는 큰 하늘
한 움큼 푹 뜨면
바가지에는 조그만 하늘이
동동

> 예 문

별

3학년 박안나

깊은 산 속에
옹달샘 하나

물 속으로 쏟아지는
반짝반짝 빛나는 별

하나 반짝
두 개 반짝

여러 개의 별이 모여
옹달샘이 되었네.

예문

노을

3학년 김재철

저녁 노을은
참 아름다워요
미끄럼틀에 누워
하늘을 보면

노을 사이로
참새와 구름이
사이좋게 지나가지요

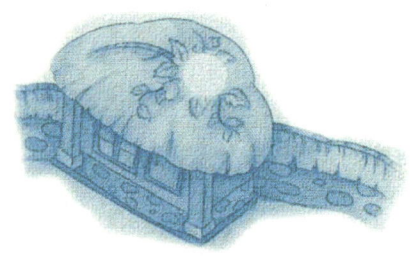

다섯째, 동물과 식물을 보고 글감을 찾는 방법이 있습니다.

어린이 여러분이 가장 좋아하는 사람은 부모님이겠지요. 물론 친구나 선생님일 수도 있습니다.

그렇다면 여러분과 함께 살고 있거나, 함께 살고 있지는 않더라도 가까운 곳에 있는 동물과 식물은 어떤가요. 가끔씩 동·식물은 사람도 아니면서 여러분의 가장 친한 친구가 되기도 합니다. 또한 여러분은 말하지 못하는 동·식물과 마음 속으로 대화도 하며 웃기도 합니다.

이렇게 동물이나 식물을 보고 친구처럼 생각하며 쓰는 동시도 좋은 글이 됩니다.

예문

노랑나비와 민들레

6학년 최대흠

노랑나비가
훨훨훨 날아다닌다

꽃향기 맡으며
훨훨훨 날아다닌다.

노란 민들레
노랑나비가 부러워

하얀 홀씨
홀홀 불어 날린다.

예문

장미

4학년 윤설희

활짝 핀 장미들이
화단에서
놀고 있어요

개구쟁이 벌, 나비
모두 다가 와
장난치며 함께 놀아요

하하하, 호호호
친구들과
언제나 웃으며 놀아서

장미는
항상
어여쁜가 봐요.

여섯째, 나와 관계되는 여러 가지 것들을 글감으로 선택하는 방법이 있습니다.

여러분 주변에는 어린이와 깊은 관계가 있는 여러 물건들이 많이 있습니다. 연필, 지우개, 놀이터, 도시락, 책상, 가방…….

여러분은 이러한 사물들과 친밀한 관계를 형성하기도 하며, 때때로 그러한 것들에 애착과 애정을 주기도 합니다. 그래서 자주 쓰던 지우개가 없어지거나 매일 가던 놀이터가 사라지면 마음이 아프고 허전해집니다.

어린이 여러분이 이렇게 주위의 사물을 관찰하면서 경험하고 느낀 것이 있다면 이것 역시 동시의 좋은 글감이 될 수 있습니다.

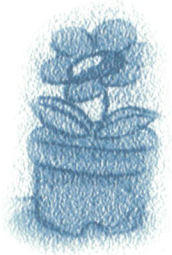

예문

책

2학년 김승원

책 속에는

아무도 모르는 길이 있대요

그 길만 따라가면

좋은 일을 많이 만난대요

책 속에는

아무도 못 찾은 보물이 있대요

그 보물만 찾으면

영원히 부자로 살 수 있대요

책 속에는

아무도 모르는 행운이 숨어 있대요

그 행운을 찾으면

영원히 행복하게 살 수 있대요

3. 동시의 글감은 어떤 것을 골라야 할까요?

예문

비

1학년 용희중

비가 왔어요

우산을 썼어요

옷이 젖어요

가방도 젖어요

"하늘 나빠!"

짜증이 났어요

아무리 화를 내도

하늘은 아무렇지 않아요.

3. 동시의 글감은 어떤 것을 골라야 할까요?

예문

의자

2학년 김민진

의자가 아프다고 울고 있어요

우리들이
올라가서 뛰고
앉아서 장난치고

다리도 아프고 팔도 아파서
의자가 엉엉 울고 있어요

일곱째, 나와 관계 있는 사람들을 글감으로 선택하는 것도 방법입니다.

어린이 여러분은 많은 사람들을 알고 지냅니다. 부모님, 형제, 이웃, 선생님, 친구들……. 참으로 많습니다.

그 중에는 안 보면 못 살 것 같은 사람이 있는가 하면, 평생 안 보고 살았으면 하는 사람도 있습니다. 이렇게 다양한 사람들을 만나고 헤어지면서 느낀 소감도 동시의 글감이 될 수 있습니다.

예문

선생님

3학년 박지혜

선생님은 잔소리꾼

잔소리 주머니는
없는데

선생님 잔소리는
어디에서 생길까?

날마다 날마다
야단을 치는데

선생님 잔소리는
줄지도 않나 봐.

예문

엄마

5학년 배가영

우리 엄마는
매일 바빠요

아빠 가게에서
일하느라
하루도 집에 안 계셔요

엄마가 바쁜 걸 알고 있지만
집에 오면 화가 나요

동생도 때리고
강아지도 못살게 굴고

엄마, 엄마도

다른 애들 엄마처럼

집에 계시면 안 되나요?

예 문

부모님 싸움

6학년 정연생

어젯밤 몹시 다투시던 엄마, 아빠
너무 속상해 밤새 울다가 잠이 들었네

잠잠해진 아침
배가 고파 피자를 만들었네

맛있게 익은 피자
침이 꿀꺽 넘어갔지만
꾹 참고 엄마한테 갖다 드렸네

"우리 딸이 최고구나."
흐뭇해 하시는 어머니

"아빠랑 싸우지 마세요."
용기 낸 내 말에
어머니는 고개만 끄덕끄덕.

그 외에도 여러 가지 글감이 있습니다.

어떤 것이든 동시의 좋은 글감이 된다는 것을 잊지 말고 늘 메모하는 습관을 길러 봅시다.

"쓸 게 없어요."

이렇게 말한다면 평소에 좋은 글감이 될 만한 것들을 눈여겨 보지 않았기 때문입니다.

주변의 여러 글감을 동시로 표현한 예를 살펴보세요.

> 예문

연날리기

5학년 김효찬

아빠와 함께 만들어 본

연

가오리 연, 독수리 연

여러 가지 연을 만들어

하늘로 띄운다

하늘을 훨훨 날아 다니는 연

연은

어느새 한 마리 새가 된다.

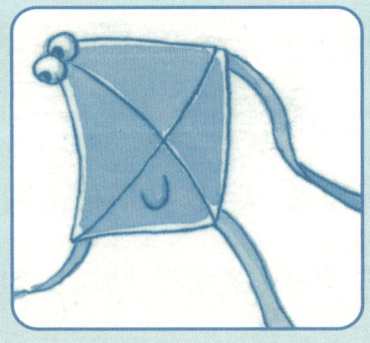

예문

일기장

4학년 김혜솔

이리 삐뚤 저리 삐뚤
나의 어릴 적 글씨들

한바닥 한바닥
빽빽하게 쓰여 있는 작은 글씨들

일기장
한 바닥 한 바닥을
훑어보면
사진처럼 보이는
나의 어린 시절.

예문

봄이 오는 소리

3학년 김정화

쉿!
가만히 들어 보세요
봄이 오는 소리를

쑥쑥
졸졸졸
짹짹짹

모두 봄이 왔다고
종을 울려요

겨울잠 자던 동물들
종소리 듣고
기지개 펴며 일어나지요.

예문

시계

3학년 권예림

시계 엄마는 요즘
임신 중이다

어여쁜 아기 셋을 품고서
그 아기 낳을 생각도 안 한다
언제까지 두고두고
품고 있을까?

아기들은 나오고 싶어하는데
시계 엄마는
아기 낳을 생각도 안 한다.

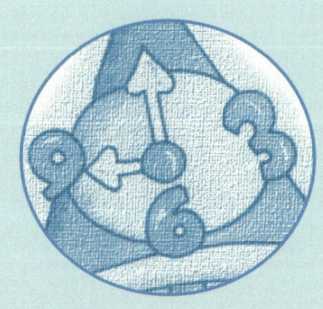

4 동시를 쓸 때 주의할 점은 무엇일까요?

 동시는 누구나 지을 수 있습니다. 공부를 잘 하는 어린이만 지을 수 있는 것도 아니고, 고학년 언니 오빠들이 더 잘 지을 수 있는 것도 아닙니다. 어린이다운 세계만 가지고 있다면 누구나 아름다운 동시를 읊을 수 있습니다.
 하지만 동시를 지었다고 다 동시가 되는 것은 아닙니다. 어린이의 세계를 아름답게 표현하기 위해서는 몇 가지 조심해야 할 게 있습니다.

첫째, 흉내내기를 하지 말고 내가 알고 있는 표현을 해야 합니다

언젠가 어느 대회에서 상을 탄 동시 한 편이 문제가 된 적이 있었습니다. 다른 사람이 지은 동시를 베껴서 냈다는 것이 들통났기 때문입니다.

동시는 음률이 있기 때문에 같은 소재를 다루다 보면 자신도 모르게 비슷하게 따라갈 수도 있습니다. 하지만 독창적으로 자신만의 생각과 느낌을 담으려는 노력을 하다 보면 어느새 남과 다른 동시를 지을 수 있습니다.

내 글이 아닌 남의 글을 내 글이라고 할 수는 없습니다. 뛰어난 동시는 못 짓더라도 떳떳하게 내 글을 지으려는 노력이 필요합니다.

둘째, 글감에 알맞은 말을 골라 써야 합니다

동시는 산문이 아닙니다. 아주 짧게 쓰되 그 속에 알맞은 뜻을 포함하고 있어야 합니다. 그렇기 때문에 아무리 마음에 드는 말이 있다고 해도 필요 없으면 용감하게 버려야 합니다.

그뿐 아니라 일상적으로 주고 받는 말은 되도록 삼가야

합니다. 그래야 읽는 사람이 신선함을 느낄 수 있기 때문입니다.

다음 동시들을 읽으며 어떤 말들이 사용되었는지 살펴보세요.

갖고 싶은 것

4학년 심소영

봄에는
따듯따듯
새싹들을 다 갖고 싶어요

여름에는
파랗고 넓은
바다를 갖고 싶어요

가을에는

빨강, 노랑 단풍 든
산을 갖고 싶어요

겨울에는
온통 새하얀 눈밭인
세상을 갖고 싶어요

하지만 제가
제일 갖고 싶은 것은
귀여운 강아지 한 마리예요.

예문

하얀 눈

4학년 문소영

하얀 눈으로 무엇을 할까?
친구들과 함께 모여
눈싸움 해야지

하얀 눈으로 무엇을 할까?
엄마, 아빠 흉내내며
소꿉놀이 해야지

하얀 눈으로 무엇을 할까?
할머니, 할아버지 만들어
연극놀이 해야지

예문

네 잎 클로버

6학년 이영주

행운을 가져다 준다는
네 잎 클로버

어디에 있는지
꼭꼭 숨었네

동생과 나는 풀밭을
헤집고 다녔지만

여기 있을까,
저기 있을까

"야 찾았다!"

동생의 고함 소리

나에게는 행운이 오지 않을까,
덜컥 겁이 났네.

셋째, 동시를 쓸 때는 말을 최대한 줄여서 아껴 써야 합니다.

동시는 산문이 아닙니다. 즉 풀어 쓰는 줄글이 아니라 리듬이 느껴지는 운문이라는 것입니다.

처음 동시를 쓸 때면 무조건 길게 쓰려고 합니다. 그것은 동시 쓰는 훈련이 안 되어 있기 때문이지요.

길게 쓰고 행을 바꾸었다고 해도 마찬가지입니다. 뜻이 통하는 낱말만 남겨 두고 모두 버려야 합니다.

예문

계곡

2학년 양현경

물살 약한 곳에
파랗게 끼어 있는 돌이끼

이끼를 타고
주루룩
미끄럼 타며 놀아요

재미있어서
계속하고 싶지만
빨래하는
엄마 얼굴이 떠올라
벌떡 일어나지요.

예문

삽살개

2학년 김영선

귀여움을 독차지하는
삽살개

컵 가져 오라고 하면
컵 가져 오고

연필 가져 오라고 하면
연필 가져 오고

시험 보면
삽살개가
일등하겠네.

예문

개구쟁이

2학년 서효진

개구쟁이는
항상 여자애들을 괴롭히지요

치마 들추고 메롱
머리카락 잡아당기고 메롱

엉엉 울면서도
여자 애들은 꾹 참아요

개구쟁이들을 건들면
더 괴롭거든요

4. 동시를 쓸 때 주의할 점은 무엇일까요? • 91

넷째, 누구나 이해할 수 있도록 쉬운 말을 써야 합니다

어려운 말을 썼다고 해서 좋은 글이 될 수는 없습니다. 동시도 마찬가지입니다.

자기가 느낀 감정을 친구나 부모님에게 들려 주듯 편안하고, 그러면서도 뚜렷한 뜻이 담겨 있도록 써야 합니다.

어려운 말을 쓰려고 애쓰지 마세요. 보고 느낀 그대로 표현하면 됩니다.

예문

개구리

3학년 김정화

밤새 개굴개굴
슬피 우는 개구리

내가 던진 돌에 맞아
아파서 우는 걸까?

예문

웃음

4학년 최성재

하하하
웃는 얼굴을 보면
나도 덩달아 하하하

킥킥킥
혼자 웃는 얼굴 보면
나도 덩달아 킥킥킥

하하, 호호,
즐겁게 웃는 얼굴 보면
마음부터 웃는다.

4. 동시를 쓸 때 주의할 점은 무엇일까요? • 95

예문

우리 나라

1학년 서효진

우리 나라는
어떻게
태어났을까요?

나하고 오빠는
우리 엄마 뱃속에서
태어났지만

우리 나라는
누가 낳았을까요?

5 동시는 어떤 방법으로 쓸 수 있을까요?

동시를 쓰는 방법에는 여러 가지가 있습니다.

생활문이나 일기처럼 있는 그대로를 쓰는 것이 아니라 얼마든지 상상하고 추측해서 쓸 수 있기 때문에 어린이의 마음을 가장 자유롭게 나타낼 수 있는 글입니다.

이제부터 동시를 쓰는 방법을 여섯 가지로 나누어 정리해 보겠습니다.

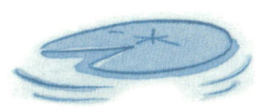

첫째, 사물을 사람에 빗대어서 쓰는 방법이 있습니다

동물과 식물, 바위 등이 사람과 똑같이 말을 하고 움직일 수 있으며, 생각하고 느낄 수 있는 것은 동화나 동시의 세계에서 가능합니다.

특히, 어린이 여러분은 아직 생각이 맑고 깨끗하기 때문에 움직이지 않는 것들에 생각과 감정을 풍부하게 넣을 수 있답니다.

예문

가을 단풍잎

3학년 김정화

가을 단풍잎은
숲 속의 부끄럼쟁이

소풍 오는 등산객들
예쁘다고 칭찬하면
뭐가 그리 부끄러운지
금세 얼굴이 빨개지네

빠알간 단풍잎
예쁘다는 칭찬 한 마디 들으려고
오늘도
예쁘게 얼굴 치장하네

예문

자전거

5학년 최대영

주인이 오르면

힘껏 달리는 자전거

주인이 내리면

놀고 싶어서 시무룩

자전거는 밤이나 낮이나

온 세상을 달리고 싶어하네.

예문

아침

2학년 안현경

아침 일찍 일어나
하나 둘
운동하지요

나비는 훨훨훨
날개 운동하고

새들은 짹짹짹
입 운동하고

강아지들은 깡충깡충
다리 운동하지요.

둘째, 운율을 살려서 씁니다

어린이들은 운율을 써서 글을 쓰는 것을 좋아합니다. 동요를 좋아하는 까닭도 그 속에 운율이 들어 있기 때문입니다.

예문

뻐꾸기 시계

2학년 최병진

아침이라고 뻐꾹뻐꾹

밥 먹으라고 뻐꾹뻐꾹

학교 갈 시간이라고 뻐꾹뻐꾹

좋은 노래도

자꾸 들으면

듣기 싫은데

뻐꾸기 시계는

자꾸만 뻐꾹뻐꾹

예문

매미

6학년 유별라

맴 매앰 맴
나무에 매달려
슬피 우는 매미

개구쟁이 바람이
놀렸다고
맴 매앰 맴

심술꾸러기 아이들이
놀렸다고
맴 매앰 맴

예문

나무

3학년 박지혜

산 속에 사는 나무들
나를 보면 반갑다고
이파리를 살랑살랑

풀잎들도
어서 오라고 한들한들

새들도 신이 나서 훨훨훨

산 속에 가면
나는
손님이 되네.

예문

할머니 손

6학년 최민영

일을 하시는
할머니 손은
꺼칠꺼칠

내 손을 잡아 주는
할머니 손은
보들보들

셋째, 문장의 앞과 뒤를 바꾸어 써 보기도 합니다

아무리 단순한 문장이라도 앞과 뒤를 바꾸어서 표현해 보면 색다른 맛이 납니다.

예문

여름 방학

4학년 최성재

어디로 갈까
여름 방학에는

벌써부터 두근거리는
내 가슴

외할머니 댁에 먼저 갈까
바다로 먼저 갈까

벌써 바다로 시골로 달려가는
내 마음

예문

꽃밭

3학년 최슬기

많은 꽃들이 피어 있는
꽃밭

이름처럼 예쁜
장미꽃

해바라기 흉내 내는
나팔꽃

아이들 손톱에 물들일 날만 기다리는
봉숭아꽃

키 큰 친구들 부러워
주저앉아 우는 채송화.

예문

교실

4학년 노성영

바다 같은
우리 교실

착한 아이
나쁜 아이
가리지 않고 모두 받아 주지요

그 푸른 바다 위에서
우리들 마음은
튜브 타고 둥둥둥

넷째, 재미있는 생각을 써 봅니다

어린이들은 참으로 엉뚱합니다.

어른들이 "그런 엉뚱한 생각이나 하다니" 하고 어처구니 없게 여길 만큼 어린이들의 상상의 세계는 넓고 깊습니다.

그렇게 엉뚱한 생각을 동시로 써 본다면 그 어떤 글감보다 훌륭할 수 있습니다.

예문

수박

5학년 최대영

여름 햇살이
수박을 시집 보내요

파랗고 예쁜 줄무늬 천으로
치마해 입히고

빨갛고 부드러운 천으로
속옷 해 입히고

기분 좋은 수박
까만 이빨 드러내고
호호 웃어요

예문

자동차

4학년 김종원

붕붕붕
방귀 뀌고 달아나는
자동차

사람들은
방귀 냄새에
얼굴 찡그려요

붕붕붕
방귀 뀌는 자동차

기름을 너무 먹어
배탈이 났어요.

5. 동시는 어떤 방법으로 쓸 수 있을까요?

예문

비

3학년 김정화

비는 오줌싸개지요

푹신한 구름 위에서
잠자다가
주룩주룩
오줌을 싸지요

엄마 바람은
회초리 들고
우르릉 꽝, 우르릉 꽝
비를 혼내요

다섯째, 직유법으로 써 봅니다

어떤 사물을 다른 사물에 직접 빗대어 나타내는 것을 직유법이라고 합니다. '처럼', '인 양', '듯이', '모양', '같이' 등이 쓰입니다. '바다같이 넓은 어머니 마음'이라고 했다면 직유법을 이용한 것이죠.

어떤 사물을 사람에 빗대어 쓰는 것도 직유법입니다.

예문

새

2학년 용희중

하늘을 날아 다니는 새
구름 같아요

넓은 하늘을 훨훨훨
마음대로 날아요

하늘을 날아 다니는 새
바람 같아요

높은 하늘을 훨훨훨
마음대로 날아요.

예문

참새

3학년 박본준

전깃줄에 앉은 참새
곡예사처럼 놀아요

제비 앞에서 재주 피우고
지나가는 아이 보라고 재주 피우고

전깃줄에 앉은 참새
하루 종일 곡예사처럼 놀아요.

예문

선풍기

2학년 이재욱

미풍을 틀면
풍차처럼 느릿느릿

약풍을 틀면
물레방아처럼 붕붕붕붕

강풍을 틀면
헬리콥터처럼
빙빙빙빙

여섯째, 은유법으로 써 봅니다

'어머니는 바다이다'라는 식으로 어떤 사물을 간접적으로 비유하는 것을 은유법이라고 합니다.

예문

우체통

4학년 백진이

우체통은
빨간색 우체통은
편지들의 놀이터

미국 고모 집으로 갈 편지는
서둘러 길 떠나고

우리 반 친구에게 갈 편지는
잠시 쉬었다 가고

아픈 동생 병 낫게 해 달라고
하나님께 쓴 편지는
언제 떠날까?

예문

잠자리

5학년 유정연

어느새

하늘을 빨갛게 뒤덮은 고추잠자리

햇빛이 비칠 때

잠자리 날개는 물방울이 된다

물방울이 튕길 때마다

하늘은 빨갛게 물이 든다

5. 동시는 어떤 방법으로 쓸 수 있을까요? • 125

예문

가을 숲

5학년 구준모

가을 숲으로 들어가면

모두모두

빨간 하늘

가을 숲으로 들어가면

모두모두

노란 하늘

가을 숲을 걸어 나오면

모두모두

파란 마음

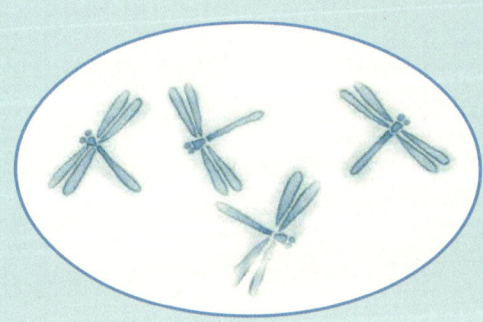

어린이 에세이 — ④
동시는 어떻게 써요?

초판 1쇄 인쇄 : 2018년 6월 27일 인쇄
초판 1쇄 발행 : 2018년 7월 7일 발행

저　자 : 어린이 에세이 교실
펴낸곳 : 자유토론
주소 : 서울시 송파구 문정로 13길 15-16 2층
전화 : 02) 333-9535 / 팩스 : 02) 6280-9535
E-MAIL : fibook@naver.com
제작 : (주)북솔루션
ISBN   978 - 89 - 93622 - 48 - 5 73810

* 잘못된 책은 구입하신 서점에서 교환해 드립니다.
* 저자와의 협의에 의해 인지는 생략합니다.